AF468387

L'OBSERVATEUR

AU MARAIS,

SUR UN PLAN DE FINANCES

DE 1653,

SOUS LE MINISTÈRE DE COLBERT;

PAR L****.

Aperi oculos.
And make attention.

TROISIÈME ÉDITION, CORRIGÉE ET AUGMENTÉE.

PARIS,

CHEZ Mme Ve H. PERRONNEAU, Imprimeur-libraire, quai des Augustins, no 39;
Et chez tous les Marchands de Nouveautés.

Septembre 1818.

AVIS AU LECTEUR.

Il fallait le retour de la famille des Bourbons, et le changement qui s'est opéré dans le ministère des finances, pour qu'il me fût venu à l'idée de faire gémir la presse de mes réflexions.

En 1814, je communiquai à un ancien magistrat du conseil du Roi un plan de liquidation qui ne fut pas accueilli, ayant introduit un papier, seulement pour absorber les créances de l'état, et qui eût été retiré par la voie d'une loterie.

Je ne me déconcertai point : en lisant l'histoire, il me tomba sous la main plusieurs opérations de finances qui ont eu lieu sous différens ministères.

Je m'arrêtai à celui de 1653, qui eût pu convenir à la situation de la France.

Ce qui confirmerait d'autant plus de l'avantage d'un tel projet, c'est que le ministre Colbert pour subvenir aux dépenses excessives de la marine, en 1673, 1674, jusqu'en 1678, fut obligé d'employer toutes sortes de moyens qui eurent leurs succès ; mais il ne put s'empêcher de convenir que le plan de 1653 était encore le meilleur.

L'on ne m'en voudra pas si je ne l'ai pas mis plus tôt au grand jour ; cependant j'en avais présenté des fragmens en 1815 ; mais mes efforts furent inutiles.

Je n'ai que le désir d'être utile à mon pays, à mes concitoyens ; de faire voir que nous n'avions pas besoin de nous modeler sur nos voisins, quand, chez nous, nous pouvions faire mieux. C'est pourquoi je me crois forcé de développer un plan qui eut du succès en 1653.

Je prie mes concitoyens de ne pas s'arrêter aux différens calculs qui font partie des tableaux que j'ai été obligé de présenter pour donner de la vraisemblance dans les opérations réunies des plans de finances qui ont eu lieu sous les ministères des Colbert et Mazarin ; ces tableaux devant venir à l'appui de mes raisonnemens.

J'ai cherché à me rendre le plus concis possible, les phrases ne donnant aucuns résultats en finances.

On trouvera des notes ou des réponses aux objections que mes lecteurs feront.

L'OBSERVATEUR

AU MARAIS,

SUR UN PLAN DE FINANCES

DE 1653,

SOUS LE MINISTÈRE DE COLBERT.

Le rentier du Marais, par nécessité, doit calculer avec plus de principes que le financier de la Chaussée-d'Antin.

Il n'y a rien d'étonnant que le rentier s'établisse en observateur, il en a tout le temps. Il doit l'être plus que tout autre, sous le rapport de ses facultés pécuniaires.

Sur la fin de 1813, les centimes additionnels commencèrent à se faire sentir sur son revenu.

En 1814, lors de l'entrée du Roi, il pouvait se réjouir dans l'espérance de voir disparaître ces trente centimes supplémentaires de 1813; mais ses espérances furent déçues. (Ce n'est pas qu'il soit tout aussi bon citoyen qu'un autre.)

La matière sur les finances est certes la plus intéressante. C'est celle à laquelle on a le moins fait attention, s'en rapportant à ceux qui par leurs places doivent avoir plus de connaissances dans cette partie, que ceux qui n'y sont appelés que momentanément, pour discuter des opérations dont il faudrait avoir fait une étude particulière.

Sans cette partie de ministère, tous les autres ministères ne sont rien.

Chacun s'est efforcé de se faire entendre pour trouver des moyens de restauration dans les finances.

Les uns de parler d'économies, les autres de suppressions, et personne n'a imaginé qu'il fallait consulter nos anciens financiers sur cela.

C'est ce qui me détermine à faire revivre les Colbert et Mazarin, qui avaient su rétablir les finances de leur temps, sans mettre d'impôts.

Je pris notes sur notes durant toutes les sessions; je ne vis rien de positif, rien qui tendît à la libération de l'état.

Je me dis à moi-même: Qu'est-ce qu'un état? c'est une famille.

Lorsqu'un état puissant ne doit qu'à lui-même, la confiance et la circulation suffisent.

Sous tous les règnes, les finances ont toujours été la pierre d'achoppement.

Dans un état, qu'y a-t-il à considérer? le bien général.

On ne doit pas envisager si une opération, au premier abord, présente quelques inconvéniens, quand le bonheur d'un état en dépend. Attendrait-elle le capitaliste? (*C'est ce que les Colbert et Mazarin n'appréhendaient pas.*) L'état ne pourrait qu'y gagner ; ses capitaux se verseraient dans le commerce et dans les campagnes ; ils contribueraient de cette manière à l'impôt, et l'impôt serait moins lourd.

« De l'activité du commerce dépend la pro-
« portion du droit comme de la facilité de la
« perception.

« L'impôt n'est pas difficile à créer ; mais lors-
« qu'on marche à l'exécution sans se rappeler
« les principes qui sont sa base, on échafaude
« sur le sable ; successivement les chimères
« s'évanouissent, et les charges restent.

« Avec de telles idées, on voit la pierre phi-
« losophale jusqu'à l'instant où l'opération s'a-
« chève.

« Avant d'établir un impôt, il faut examiner
« s'il ne doit pas nuire à la perception d'autres
« revenus plus commodes, plus assurés (1).

(1) Il y en a déjà des effets, par nombre de boutiques à louer dans les quartiers les plus marchands.

« Rien au monde n'est si délicat que la na-
« ture d'impôts sur les consommations ; ce sont
« les plus doux, les plus abondans ; mais ils ont
« des proportions de rigueur, soit avec les
« autres genres d'impôts, soit avec une infinité
« de circonstances.

« Personne n'ignore qu'augmenter l'impôt n'est
« pas souvent augmenter la recette.

« C'est protéger la contrebande, et toute con-
« trebande est nuisible au commerce. (*Chose
« qu'il faut éviter.*)

« Il est un calcul à faire : y a-t-il assez de nu-
« méraire dans un état, pour que la proportion
« de l'impôt général avec la masse d'argent soit
« au plus de 14 à 15 du cent ? Sans cette propor-
« tion, tout calcul devient illusoire. »

Un ministre doit s'entourer d'observateurs.

Quelques-uns se seraient permis de lui dire qu'il est une politique en finances comme en tout autre chose.

Ne pas nous faire plus riches que nous n'étions ; ne pas se permettre d'annoncer que les ressources de la France étaient intarissables ; (*Il suffisait de le penser.*) que l'on viendrait à bout de payer tout arriéré, même toutes indemnités, dans un moment où toutes les puissances avaient les yeux fixés sur nous; elles-mêmes, dénuées d'espèces, ne faisant leur service que partie en papier, partie en numéraire.

Il n'y a pas de doute que la journée du 20 mars et les cent jours n'auraient pas eu lieu; les alliés, à cette époque, ayant été de bonne foi, et n'ayant eu que de bonnes intentions pour la famille des Bourbons, la première fois.

D'autres lui auraient donné connaissance du discours suivant, prononcé sous le règne de Louis XIII.

Discours prononcé par Mgr le chancelier de Sillery, lorsque le Roi fit assembler les états-généraux, sur une crise dans ses finances.

« La prudence ne permet pas aux souverains « de découvrir la force et le détail de leurs reve- « nus : c'est le motif et le plus ferme appui de « la puissance d'un roi.

« Peut-il s'exposer à un danger évident, faire « connaître sa ressource la plus sûre à des enne- « mis secrets ou déclarés ? » (1)

(1) Passage de circonstance.

Rappeler à toute la nation, à la nation entière la générosité de Louis XIV envers le roi Jacques, lorsqu'il fut obligé de s'enfuir, chassé de son trône, et de se réfugier en France, en 1689.

Ce grand prince alla au-devant de la Reine, à Saint-Germain, et lui dit :

Je vous rends, Madame, un triste service; mais j'espère vous en rendre bientôt de plus grands, de plus heureux. Ne point parler des présens qu'elle trouva sur sa toilette, ni de la pension qui fut accordée au Roi pendant son séjour en France, pour la dépense de sa maison (*détails au-dessous d'une grande nation*); faire mention de l'appareil avec lequel Louis XIV essaya de remettre le roi Jacques sur son trône; ne pas oublier qu'au moment des adieux des deux rois, ce grand prince fit présent de sa cuirasse au roi Jacques, en lui disant : *Tout ce que je puis vous souhaiter de mieux, c'est de ne vous revoir jamais.*

Qu'en consultant les Colbert et Mazarin on aurait trouvé la marche à suivre, nos anciens en sachant bien autant que nous : ces ministres ne flattaient point les capitalistes; toutes leurs opérations tendaient au bonheur du peuple et du souverain.

En 1653, les Colbert et Mazarin avaient su rétablir les finances sans mettre d'impôts, et les ressources étaient moins grandes ; c'eût été la même opération à exécuter. La dette eût été liquidée en dix ans, sans impôts.

Les Colbert et Mazarin raisonnaient différemment qu'à présent ; ils savaient qu'un état ne peut payer des intérêts énormes qu'en surchargeant le peuple d'impôts.

Ils posaient en principe, qu'il ne faut pas accabler les générations à venir des charges de la génération présente ; chaque siècle doit supporter les siennes, et non les faire supporter à celui qui suit.

En 1814, quelle était la nature de la dette? un arriéré.

Rien de si facile à liquider, non comme nos financiers de la révolution avaient liquidé : les intentions du souverain n'étant pas telles.

Y avait-il une circonstance plus favorable, dans la position où se trouvait la France, sous un gouvernement qui devait prendre une nouvelle consistance, une nouvelle forme, ayant une dette énorme (*presque impossible de payer*), d'adopter le plan de 1653, sans blesser la Charte, ce plan n'étant nullement contre le droit des gens?

Comme l'énormité de la dette eût empêché de prendre un parti pour acquitter en numéraire tous les créanciers, sans surcharger le peuple, c'est alors que le moyen d'un emprunt eût été necessaire pour absorber la dette et liquider le créancier, sans perte, avec les avantages dont il sera parlé ci-après.

Pour exécuter le plan de 1653, il eût fallu proposer à cette époque une liquidation générale en reconnaissances de liquidations; non comme la loi du 28 avril a ordonné, mais admissible dans un emprunt pour cadrer avec le plan de 1653.

Les indemnités eussent été moins considérables, ou au moins ceux qui y auraient eu des droits, obligés de se conformer au mode de liquidation introduit pour le paiement des liquidations ou arriérés (*quant aux sujets*); mais pour les puissances, il aurait été plus facile de traiter, sans être obligés d'épuiser toutes les ressources, pour parer aux événemens du moment.

Il eût été inutile d'avoir recours au crédit, ni d'user son crédit, l'emprunt offrant des chances plus favorables que le grand-livre pour l'étranger, qui calcule différemment que nos agioteurs.

Il n'y aurait eu que la première année à faire les fonds des indemnités : les étrangers en versant leurs indemnités converties en bordereaux de liquidation, qu'ils auraient achetés pour placer dans l'emprunt, auraient procuré la facilité de faire les fonds, les autres années, par le cinquième à verser d'après le mode de l'emprunt.

Si l'emprunt n'eût pas secondé l'attente du gouvernement, c'est alors que les expédiens des cent millions, les supplémens de cautionnemens auraient joué un grand rôle, et on aurait toujours été à même de jouer le 30 et 40 pour payer (1).

La loi du 28 avril, relativement aux créanciers de l'état a voulu leur donner un titre; mais ce titre n'est pas le paiement intégral de la créance, pour celui qui est obligé de le négocier.

Au lieu que si la liquidation avait été ordonnée d'après le plan de 1653, avec un emprunt, le créancier serait rentré dans ses capitaux sans perte, au moyen des chances que présente l'opération, dont les étrangers auraient voulu profiter, ce qui aurait conservé notre numéraire.

On n'aurait pas été obligé de chercher tous les ans de nouveaux expédiens, ce qui est fatigant pour un ministre des finances.

---

(1) *Utere sed non abutere.*

Plan des Colbert et Mazarin, de 1653.

Le plan était un emprunt en numéraire, remboursable en dix ans, de même en numéraire.

En portant à l'emprunt on vous remettait dix coupures ou annuités qui formaient le capital de votre mise. (*C'est de l'argent au besoin.*)

Ces coupures ou annuités étaient remboursées sans intérêts.

Et pour dédommager le prêteur de ses intérêts perdus pendant dix ans, l'état lui constituait une rente viagère qui lui rendait 10 p. o/o de son capital, *son capital rentré.*

C'est ainsi que les Colbert et Mazarin opéraient: ils ont rétabli les finances de l'état sans mettre d'impôts, ni payer des intérêts qui sont toujours à charges.

La rente pour l'état fut constituée, en 1653, à 2 1/2, et rendait au porteur 10 p. o/o.

Mais comme nous sommes accoutumés aux 7 et 8 p. o/o, j'observe qu'il serait à propos de la porter à 3 p. o/o, ce qui rendrait 12 p. o/o pour les uns, et 15 à 16 pour les autres, comme on le verra par la suite des opérations, et le tableau, sans que pour cela l'état ne soit pas trop surchargé.

Du temps des Colbert et Mazarin, l'emprunt fut fait en numéraire, et remboursé de même.

L'emprunt en numéraire eût été une chose impraticable.

Qui aurait eu confiance dans un emprunt de cette nature, sous un nouveau gouvernement (c'est-à-dire qui n'a pas d'assiette) ? mais on aurait pu se servir des mêmes bases, et opérer suivant les circonstances des choses.

La dette arriérée était un puissant moyen pour l'exécution d'un semblable emprunt.

Pour exécuter ce plan d'emprunt, au lieu de numéraire à porter à l'emprunt, on aurait pris pour comptant, dans ledit emprunt, toutes reconnaissances de liquidation, ou papiers quelconques, nature de liquidation; *l'opération était toute simple.*

Mais en raison de la nature du numéraire à prendre dans l'emprunt pour comptant, et qu'il faut trouver le moyen de rembourser en numéraire un prétendu numéraire qui n'eût été que du papier pour l'état (*des reconnaissances*).

Il faut faire un fond de caisse pour rembourser en numéraire.

En portant à l'emprunt ses reconnaissances ou bordereaux de liquidation pour comptant, on aurait été obligé de fournir un supplément en numéraire, qui aurait été d'un cinquième en sus (1).

Lequel supplément aurait formé une caisse suffisante pour opérer les remboursemeneus des coupons ou annuités, tous les ans, en numéraire, avec les économies qui auraient résulté de l'opération d'une liquidation bien entendue : certes ce cinquième eût été plus légitime, et dans le droit des gens, que la contrainte des supplémens de cautionnement.

Quoique cette opération eût été l'inverse des supplémens de cautionnement, cependant, par l'emprunt, on aurait trouvé ce supplément sans crainte.

Pour rendre l'opération plus complète, et parvenir à faire et trouver des économies dans les finances, comprendre dans la liquidation générale

---

(1) « Qui doit venir au-devant de son créancier, si ce « n'est le débiteur ? (*En raisonnant comme état*, c'est » l'inverse.) C'est le seul qui ait intérêt à ce que sa cré« ance soit acquittée.

« Qu'il soit payé en 3, 5 et 10 ans ; pourvu qu'il soit « payé intégralement ; quand l'état peut l'indemniser au « delà des facultés que ne pourrait se permettre le parti« culier.

« *Un débiteur est bien fort quand il ne craint pas son créancier.* »

toute espèce de cautionnemens, sauf aux comptables à en fournir d'autres en immeubles (1).

Par cette opération, libération de la caisse d'amortissement.

La caisse d'amortissement liquidée, il n'y a plus besoin de dotation : économies pour l'état.

Le grand-livre modéré.

Il n'est plus nécessaire que d'un trésorier des consignations ou dépôts. Cette caisse, bien administrée, aurait fait encore le service de la caisse d'amortissement comme auparavant.

En 1814 notre position n'était pas des plus brillantes ; cependant nous étions encore en possession d'une partie des biens communaux ; toutes les ventes n'étaient point terminées, il n'y avait eu que des à-comptes donnés ; il eût été facile de les rembourser en reconnaissances de liquidation, et l'état rentrait dans ses capitaux.

De plus, cent mille hectares de bois intacts.

C'était une hypothèque à présenter aux créanciers de l'état ;

Des valeurs pour rembourser, en opérant suivant le plan de 1655 ;

Et le grand-livre respecté.

« C'est des commencemens que dépendent « ordinairement toutes les opérations, bonnes

(1) Voyez les *Objections*, page 29.

« ou mauvaises : pour une opération particu-
« lière, il n'y a qu'un individu de victime, mais,
« pour un état, c'est la masse entière, ce sont
« les sujets qui en souffrent. »

Les Colbert et Mazarin consultaient différens corps de l'état avant de présenter une opération. Qui consultaient-ils? *le négociant ;* sans cette classe l'état n'est rien (1).

De tout temps il est reconnu que ce n'est qu'en remboursant qu'on peut parvenir à se mettre au pair.

« Peut-on savoir ce qu'on fait quand on em-
« piète d'une année sur l'autre ?

« Peut-on savoir ce qu'on doit quand les liqui-
« dations ne sont pas terminées ?

« Et doit-on se permettre de liquider ou de
« payer un créancier, sans savoir si tous pour-
« ront être traités de même ? »

On a opéré comme si des révolutions devaient avoir lieu tous les ans (*au jour le jour*).

On a liquidé en obligations à huit pour cent; d'autres en reconnaissances de liquidation portant intérêt à cinq pour cent.

C'est forcer le grand-livre.

---

(1) Il faut proportionner le bénéfice des affaires de finance à celui que donne le commerce ; ne pas oublier que leur profit est toujours une diminution des revenus du peuple et du souverain.

Quelle uniformité d'opérations, et point de libération!

Je ne suis point de l'avis que s'endetter c'est s'enrichir (problême difficile à résoudre), quand surtout on n'est pas sans ressources : c'est un système qui devait être adopté par nos voisins dans leur position financière.

« Chaque gouvernement doit avoir son sys-
« tème ; celui de l'un ne peut souvent pas con-
« venir à l'autre. Nous n'avons pas tous la même
« route à parcourir : suivons celle qui nous a
« été tracée par nos pères, si nous ne voulons
« pas nous écarter du vrai chemin. »

En 1709, sous le ministère de M. de Chamillard, qui suivit celui de Colbert, les finances furent mal administrées. On créa des billets des fermes, qui ne furent pas payés à échéance ; on les convertit en rentes à 5 p. o/o.

On avait créé des papiers qui portaient intérêt à 10 p. o/o, on fut obligé de réunir les intérêts aux capitaux, et de tout convertir en rentes à 5 p. o/o.

On eut recours au crédit, dont la ressource paraît d'autant plus commode et plus abondante qu'on en connaît moins les véritables principes, et on finit par l'imposition dont la durée n'a plus de bornes.

Supposez-vous une journée du 20 mars et les cent jours, l'opération de 1653 était et devenait plus nécessaire ; l'état ne se serait pas aperçu des charges et du joug imposés par les puissances.

Au moyen de l'emprunt : Comme toutes les liquidations par nature n'eussent pu être terminées de suite, et l'emprunt rempli de suite, il eût été à propos de le laisser ouvert pendant cinq ans, ou jusques après le départ des alliés.

Il n'y a pas de doutes que les étrangers n eussent placé dans l'emprunt, ayant, d'une part, une rente viagère qui aurait donné 14 et 15 pour cent, et l'espoir d'un bénéfice en achetant des bordereaux de liquidation sur la place.

Les indemnités données d'une main, rentrées de l'autre, c'eût été le véritable jeu de 30 et 40, passant dix fois de suite.

Le créancier, en mettant son bordereau sur la place, par l'appât qu'aurait donné la rente viagère, serait rentré dans ses capitaux sans perdre de 30 à 40 pour cent d'après la loi du 28 avril (1).

L'état se serait trouvé liquidé en dix ans, sans bourse délier, à cela prés d'une rente viagère de 30 à 40 millions, d'après les combinaisons.

---

(1) Qui n'aurait pas acheté 360 fr. de viager pour 120 fr. en pure perte : voilà le sacrifice du 5e pour deux ans, pour un prêt de 2000 fr., rentré en deux ans ; ce qui fait 6 p. o/o. pour toutes opérations.

MODE DE L'EMPRUNT.

Mise de 12,000 fr.

Les 4/5 en bordereaux ou reconnaissances de.	10,000
Et les 1/5 en numéraire.	2,000
Constitutions de rentes à 3 p. 0/0. .	12,000

360 liv. viager.

Les valeurs seraient les mêmes qu'en 1653.

10 coupures ou annuités payables d'année en année.

Des effets en portefeuille, de l'argent au besoin, et un arriéré liquidé.

Quant à la constitution de la rente à 3 p. 0/0 de son capital, il aurait été libre, en portant à l'emprunt, de placer la rente sur telle tête qu'il aurait semblé.

La constitution pouvant être détachée des coupures à rembourser tous les ans ; le décès de l'usufruitier arrivant dans l'intervalle des dix années des remboursemens, cela n'eût pas empêché tous les cohéritiers de se partager lesdites coupures ou annuités ; il n'y aurait eu que la rente d'éteinte si elle eût resté sur la tête du propriétaire desdites coupures ou annuités.

Bénéfice accordé à l'Emprunt.

Comme toutes les liquidations n'auraient pu être terminées au moment de l'ouverture de l'emprunt, l'emprunt aurait donné les jouissances de semestres en semestres, ou de trimestres, pour que l'on puisse placer de suite ses liquidations.

Celui qui aurait versé dans les six premières semaines de son trimestre, aurait eu la jouissance du premier jour du trimestre dans lequel il aurait versé.

Bonification. . . . . 1/8.

Ce délai aurait été avantageux pour ceux qui auraient eu à emprunter le cinquième à ajouter à leur mise. (*Même bénéfice.*)

Autre faculté pour les porteurs de coupures par dixième, celui de pouvoir se servir de cette coupure six semaines à l'avance, pour comptant, dans toutes les caisses de l'état.

Bonification. . . . . 1/8.

Cette opération aurait rendu 25 p. o/o la première année, et 12 1/2 chaque année sur les intérêts.

comme il est démontré par le tableau du remboursement progressif;

La rente viagère eût été pour les uns de 12, et pour les autres de 15 à 16.

Par cette facilité, une rentrée plus prompte et plus assurée pour l'état.

Et pour les créanciers, l'usage de ces fonds à l'avance, sans attendre les époques des remboursemeus. (*Espèces de plus en circulation.*)

Il n'y a pas de doute que l'emprunt n'ait été accueilli, même par les étrangers, par les avantages qu'il aurait présenté, même avec la journée du 20 mars et les cent jours.

L'agioteur aurait travaillé sur les reconnaissances de liquidations, les coupons d'annuités, le cinquième de l'emprunt, et sur la rente divis.

FONDS DE L'EMPRUNT.

Par la mise du cinquième à verser à l'emprunt,

400 millions de bordereaux de liquidation par le 5e auraient produit	100,000,000
1200 millions doivent donner.	300,000,000.
300 millions convertis en rentes au cours de 1814, de 56 à 60, auraient donné.	145,000,000.
Capital de l'emprunt.	445,000,000.
(1) 445 millions forment un revenu de	22,000,000.
Caisse des remboursemens.	467,000,000.

(1) Au moyen de 445 millions de moins sur la place, la rente eût pu monter de 60 à 85 p. o/o, sans avoir besoin de 40 millions de dotation, et au moment de la négociation, pour opérer les remboursemens, la caisse de 445 millions portés à 550 millions aurait fait le tiers du capital en caisse.

TABLEAU des Remboursemens progressifs de l'emprunt, sous le rapport des intérêts calculés pour toutes chances.

SUR UNE MISE DE 10,000 fr.

Années.	Paiement par année.	Capital réduit.	Intérêt à 4 pour o/o.	Intérêt d'intérêts.	Bonification de 6 semaines sur le coupon.	Intérêt à 5 pour o/o.	Intérêt d'intérêts.	Bonification de 6 semaines sur le coupon.
	fr.	fr.	fr.	fr. c.	fr.	fr.	fr. c.	fr. c.
1	1000	9000	400	16 »	100	500	25 »	125 »
2	1000	8000	360	14	45	450	20 25	56 25
3	1000	7000	320	12 60	40	400	20	50
4	1000	6000	280	11 20	35	350	16 25	43 75
5	1000	5000	240	9 80	30	300	15	30
6	1000	4000	200	8 »	25	250	10 25	25
7	1000	3000	160	6 40	20	200	10	20
8	1000	2000	120	4 60	15	150	7 25	15
9	1000	1000	80	3 40	10	100	5	10
10	1000	0000	40	1 60	5	50	2 25	5
	10,000		2,200	87 60	325	2,750	131 25	380 »

Par les calculs des différens intérêts, il sera facile de voir la perte dans les 10 années des remboursemens d'avec la bonification par l'usage des coupures ou annuités, et ce que donnera chaque viager suivant la nature de sa créance liquidée.

REMBOURSEMENT

DE L'EMPRUNT.

Pour établir des calculs presque certains sur les remboursemens,

Je suppose une liquidation de. .	1,200,000,000	
Avec le produit du 5e de. .	500,000,000	
	1,500,000,000	
		Masse.
La masse du capital à rembourser.		1,500,000,000
Le 10e à payer chaque année est de.	150,000,000	
Par la liquidation générale, on trouvait les fonds.		

1° Sur les économies des intérêts par la caisse d'amortissement de.	40,000,000
2° Les frais de négociation et intérêts de caisses. .	25,000,000
3° 40 millions pris sur les fonds de la nouvelle caisse du 5e de 440 millions, ci.	40,000,000
4° Les intérêts de la caisse, des 440 millions tous les ans.	
La 1re année de.	22,000,000
5° Par un impôt particulier. .	23,000,000
Somme égale.	150,000,000

Comme les intérêts de la caisse de 440 millions eussent été en décroissant chaque année par les 40 millions pris sur la caisse génerale, en remettant sur la place pour les remboursemens, il conviendrait calculer sur 25 à 30 millions de fonds à faire tous les ans. Cette somme n'eût pas été difficile à trouver, comme je vais le prouver :

Par les centimes de non valeur, dont on n'aurait pas eu besoin, les impôts n'étant pas exagérés;

Par les centimes de la confection du cadastre, chose à remettre à un temps plus propice.

Par cette opération, économie de 65 millions effectif, en réservant 45 millions pour la rente viagère, ce qui eut fait. . . . . 110,000,000.

Différence de ministres et d'opérations.

« Les tailles, sous les Colbert et Mazarin,

« En 1658, étaient de 56 millions.

« En 1685, réduites à 35 millions.

« C'est ainsi que l'équilibre se serait établi. »

Je laisse à penser quelle différence pour le peuple et le souverain !

Je pense que cette opération de 1653 est assez développée ; que les résultats, qui sont assurés, présentent un avantage réel ;

De pouvoir liquider une dette énorme en dix ans, sans s'endetter, et presque sans bourse délier ;

D'avoir une caisse flottante, pendant 5 ans (*caisse au besoin*) ;

D'avoir trouvé le moyen d'emprunter 3 à 400 millions sans intérêts ;

D'avoir pu conserver toutes les indemnités, quand la journée du 20 mars et les cent jours auraient eu lieu ;

De pouvoir espérer voir remplir cet emprunt en attirant l'étranger dans l'emprunt, par l'exactitude des remboursemens des annuités ;

Espoir de voir diminuer les budjets tous les ans, n'ayant plus d'arriéré de caisses, cette opération devant amener des économies naturelles ;

Plus de compte à demander des diverses ministères, chose désagréable pour la chambre des députés, et encore plus pour les ministres.

Calculer comme nos pères, par unité. (*C'était le temps heureux.*)

Évitons de compter par dixaines, cette facilité nous faisant sauter trop vite aux milliards (*Ce qui cause notre malheur.*)

OBJECTIONS.

On ne manquera pas de dire que la liquidation des cautionnemens est dérisoire.

La garantie est illusoire pour l'état et le particulier ; un comptable ne s'en va jamais les mains vides ; c'est une mesure dont un gouvernement se sert quand il a des besoins urgens.

Espèce d'emprunt forcé.

Avantage résultant des remboursemens des cautionnemens. (*Moins de débets tous les ans.*)

D'une part, les comptables, donnant des immeubles pour garantie, seraient des propriétaires ou des personnes qui tiendraient à quelque chose. (*Des agens fidèles du gouvernement.*)

Au lieu que ceux qui fournissent des espèces ne sont souvent que des agens qui, par la facilité de trouver leurs fonds dans les mains de leurs prétendus amis, ou des spéculateurs qui en profitent pour prêter à un intérêt si haut, forcent le comptable à manquer à ses engagemens, ne recevant du gouvernement qu'un intérêt médiocre.

Je m'attends aux objections que tout le monde pourra faire quant au cinquième, et sur la rente viagère au bout de dix ans.

Pour le cinquième à demander à son créancier, *je conviens que c'est choquant ;* mais venir au secours de son débiteur, n'est pas nouveau : il en est différens exemples que je pourrais citer.

Pourquoi ne pas supposer un même amour à une masse entière, quand il s'agit du bonheur de son souverain, de ses concitoyens, même de soi-même ?

En ce qui touche chaque individu.

Le célibataire (*quant à la rente viagère*), c'est attendre trop long-temps.

Voudrait-il se procurer des jouissances plus promptes? il aurait pu vendre sa rente, pouvant être indépendante des annuités.

Cette rente le couvrirait de son cinquième et au delà.

Le créancier serait-il embarrassé pour fournir le cinquième? deux moyens : celui de vendre la rente, l'autre de pouvoir négocier les deux prémiers coupons sans beaucoup de perte, d'après les bonifications accordées à l'emprunt, comme je l'ai dit ci-dessus. Les coupons, la première année, ayant une chance de 25 pour cent; et, les autres années, pour quarante-cinq jours à l'avance, 12 pour cent.

On ne saurait trop répéter cette importante vérité : que le point capital dans le maniement des finances, est de veiller à la conservation du revenu national; ce n'est que par l'usage modéré du crédit et de l'imposition, qu'on parviendra à répondre aux dépenses extraordinaires sans épuiser l'état.

FIN.

Imprimerie de Ve H. PERRONNEAU, quai des Augustins, n° 39.

www.ingramcontent.com/pod-product-compliance
Ingram Content Group UK Ltd.
Pitfield, Milton Keynes, MK11 3LW, UK
UKHW020518230726
13925UKWH00005B/2192

9 782014 043969